国際交流を応援する本

10か国語で ニッポン紹介

⑤ 日本の文化・スポーツ

英語指導／パトリック・ハーラン（パックン）　編／こどもくらぶ

岩崎書店

はじめに

このシリーズは、世界でおもにつかわれている10か国語によって、わたしたちの身近にあり、世界にほこれる日本の文化を紹介しようとするものです。英語については、日本語が得意なアメリカ人タレントとして活躍中の、パックンに監修をお願いしました。以下は、パックンからこのシリーズを読むみなさんへのメッセージです。

◆ ぼくは、日本は「謙遜*大国」だと思います。ほかの家を訪問して、「つまらないものですが」といいながらお菓子をさしだしたり、なにかでほめられたとき、「いやいや、うちはそれほどでも」と謙遜したりする。ぼくは、これってすばらしい文化だと思うんです。でも、日本の未来をになう若い人たちは、謙遜しながらも、良いことは良いと、きちんと発信できるようになってほしいですね。日本には古い歴史や、最新のテクノロジーなど、世界のあこがれのまととなっているような文化がたくさんあるのですから、世界にむけて「日本の良いところを見てください」、そして、「そちらの国のことも教えてください」という謙遜の姿勢で発信すれば、おたがいに歩みよることができます。それが、ほんとうのコミュニケーションだと思うんです。さらに、外国の人とコミュニケーションをとろうとするとき、相手の国の言葉をひとつでも知っていれば、おたがいの理解がふかまり、距離がぐんとちぢまります。

◆ 外国語を「しゃべれない」日本人は、じつは、「しゃべれない」のではなく、「しゃべらない」のだといわれることがあります。日本人はけっこう外国語を知っているんですよ。英語（テーブル、ボール……）、フランス語（クレヨン、オムレツ……）、ドイツ語（アルバイト、アレルギー……）など、身のまわりに外国語があふれているわけですから、学習をはじめればあっというまに身につくはず。あとは、それをどんどんつかうことです。ぼくも、どんどんつかおうとした結果、日本のお笑いの世界でデビューできました。

◆ 2020年の東京オリンピックなど、近い将来、日本をおとずれる世界じゅうの人とふれあうチャンスがたくさんあるはずです。そんなとき、少しだけ勇気をもって、はずかしさなんか気にせずに、どんどんコミュニケーションをとってください。（パックン）

さあ、さまざまな機会を見つけて、積極的に外国の人たちとふれあいましょう。きっとこの本が、そのお手伝いをしてくれますよ。

こどもくらぶ

*ひかえめで、へりくだること。

世界の言葉でおもてなし②

おもてなしのために、何がしたいか聞いてみよう。

何をしたいか聞いてみると、いいわね。

外国の人たちは、日本にいろいろな目的をもって来るんだ。

日本では何をしたいですか？

英語	What do you want to do in Japan? （ホ(ワ)ット ドゥー ユー ワントゥー ドゥー イン チャパン）
フランス語	Que voulez-vous faire au Japon? （ク ヴレヴ フェ オー チャポン）
スペイン語	Qué es lo que quiere hacer en Japón? （ケ エス ロケ キエレ アセレ アン ハポン）
イタリア語	Cosa vuoi fare in Giappone? （コーザ ヴォイ ファーレ イン ジャッポーネ）
ドイツ語	Was (wollen/möchten) Sie in Japan machen? （ヴァス ヴォレン メヒテン ジィー イン ヤーパン マッヘン） ▶ wollen と möchten は、どちらでもよい。
ポルトガル語	O que você quer fazer no Japão? （オ ケ ヴォセ ケール ファゼル ノ ジャポン）
中国語	你想在日本做什么？ （ニーシィァンザイ リーベン ズウォシェンムェア）
韓国語	일본에서 무엇을 하고 싶습니까? （イルボネソ ムオスル ハゴ シップシ(ム)ニッカ）
ロシア語	Что вы хотите сделать в Японии? （シュトー ヴィ ハチーチェ ズジェーラッチ (ヴ)イポーニィ）
アラビア語	ماذا تريد أن تفعل في اليابان؟ （ンバーヤ リィフ ルーァフタンア ドリト ザーマ）

＊アラビア語は、書くのも読むのも、右から左。

もくじ

はじめに	2
世界の言葉でおもてなし②	3
この本のつかい方	5
寺	6
もっと知りたい！ お遍路	7
神社	8
伝統芸能	10
着物とゆかた	12
書道	14
茶道	16
生け花	18
短歌・俳句	20
日本の祭り	22
伝統工芸①	24
伝統工芸②	26
すもう	28
武道（剣道、柔道）	30
美術館と博物館	32
旅行とレジャー	34
旅館にとまる	36
電化製品と電気街	38
キャラクター	40
もっと知りたい！ 忍者	42
伝統的なあそび	44
さくいん	46

この巻では、日本の文化やスポーツを紹介するよ。

この本のつかい方

いくつかのきまりごとをおぼえてね。

このシリーズでは、基本的な外国語である英語をふくめて、世界でよくつかわれる10の言語（英語、フランス語、スペイン語、イタリア語、ドイツ語、ポルトガル語、中国語、韓国語、ロシア語、アラビア語）で、日本から世界に発信しようとするさまざまな事柄を、全5巻にわけて紹介します。

● 見開きのテーマを、日本語と英語でしめしました。

● テーマの基本となる文に丸数字（❶）をつけ、日本語（青字）と英語を太字でしめしました。

● カタカナで発音表記をしめし、強く発音する部分（アクセント）を別の色でしめしました。

● 基本となる文のほかに、外国人とのコミュニケーションをうながす文をいくつかしめしました。

● テーマに関連する重要な単語＊を、青字の太字でしめして丸数字（❷）をつけ、対応する英語の単語に青い下線を引いています。

＊重要な単語の正確な英語は、「さくいん」にしめしてあります。

● ほかの国ではどういうの？ 基本となる文❶と、重要な単語❷を、英語以外の9か国語でなんというかをしめしています。なお、アラビア語は書くのも読むのも右から左です。

● 国旗は、それぞれの言語が母国語としてつかわれている国のものです。アラビア語は、代表としてシリアの国旗をしめしています。

● 「もっと知りたい！ I Want to Know More!」のページでは、テーマを深くほりさげる、特別な話題をしめしました。

発音について

文や単語につけられたカタカナは、正確な発音ではありませんが、外国人と話すときに手助けとなるものです。
英語の「グッ（ド）モーニン（グ）」の（ド）や（グ）などは、実際にはほとんど、またはまったく聞こえない音をあらわすという約束です。まったく無視するのではなく、その口のかまえをして、つぎの音にうつってください。「グッ（ド）モーニン（グ）」は、実際には「グッモーニン」のように聞こえるはずです。

英語で紹介しよう！

寺 Temples

- 寺には仏像がまつられています。
  Statues of Buddha are enshrined in temples.

- 仏教にはいくつかの宗派があります。
  There are several Buddhist sects.

- いろいろな建物や庭、美術品が見られます。
  We can see various buildings, gardens and art in temples.

寺
Buddhist temple

仏像
"Butsuzo," Buddhist statues

寺の入り口にあたる山門
"sanmon," temple entrance

仏さまがまつられている本堂
main hall, "hotoke," or Buddhist saints are enshrined

ほかの国ではどういうの？

❶ 寺には仏像がまつられています。

- 🇫🇷 フランス語　Il y a des statues bouddhiques dans le temple.
- 🇪🇸 スペイン語　Estatua de Buda está consagrada en el templo.
- 🇮🇹 イタリア語　Nei templi si trovano statue buddiste.
- 🇩🇪 ドイツ語　In Tempeln werden Buddha-Statuen angebetet.
- 🇵🇹 ポルトガル語　Estátuas de Buda são consagradas em templos.

❷ 美術品

- art
- arte
- arte
- das Kunstwerk
- trabalho de arte

もっと知りたい！ I Want to Know More!

お遍路 "Ohenro," Japanese pilgrimage

- お遍路は、四国88か所の寺をまわる巡礼です。
  Ohenro is a pilgrimage to visit 88 temples on Shikoku Island.

- お遍路には地元の人びとからもてなされる風習があります。
  By tradition, people on the pilgrimage are treated with warm local hospitality.

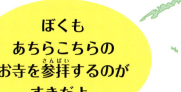

ぼくもあちらこちらのお寺を参拝するのがすきだよ。

お寺は日本人の心のふるさとね。

香川…涅槃の道場
愛媛…菩提の道場
高知…修行の道場
徳島…発心の道場

- お遍路は仏さまと同じと見なされます。
  Pilgrims are considered to be the same as hotoke (saints).

「お接待」のようす
"osettai," providing services to ohenro pilgrims

---

❶ 寺には仏像がまつられています。

🇨🇳 中国語　寺庙里供奉着佛像。

🇰🇷 韓国語　사원에는 불상이 안치되어 있습니다.

🇷🇺 ロシア語　Статуя Будды основанна в храме.

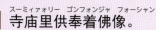 アラビア語（シリア）　في المعابد البوذية، تعبد تماثيل بوذا.
←（右から左へ読む）

❷ 美術品

芸术

미술품

искусство

فن

英語で紹介しよう！

神社
Shrines

神社ではたらく巫女
"miko" (shrine maidens) serving at a shrine

● 神社は神道の神さまの家です。
Shrines are the homes of the holy gods of Shinto.

● 日本には「八百万の神」がいるといわれています。
It is said there are "Yaoyorozu no Kami" (countless gods) in Japan.

● 神さまは身のまわりのいろいろなものに宿るといわれます。
These Kami (gods) are said to inhabit everything around us.

毎年かならず神社に初もうでするよ。

❷ 参拝のしかた … how to worship

1. 「鳥居」の前でおじぎをします。
Bow in front of the "torii."

2. 身を清めるために手をあらいます。
Wash your hands for purification.

3. おさいせんをおさめます。
Give a small offering.

4. 鈴を鳴らします。
Ring the bell.

5. 2回おじぎして、2回手を打ち、おいのりします。
Bow twice, clap twice and pray.

6. 帰る前にもう1回おじぎをします。
Before leaving, bow again.

ほかの国ではどういうの？

❶ 神社は神道の神さまの家です。

フランス語: Le temple shintô est la maison du dieu du shintô.
スペイン語: Santuario es la casa del dios sagrado de Shinto.
イタリア語: I Jinja sono i santuari degli dei dello shintoismo.
ドイツ語: Schreine sind Gotteshäuser in der Shinto-Religion.
ポルトガル語: Satuário é a casa de deus do xintoísmo.

❷ 参拝

aller prier
culto
culto
der Gottesdienst
adoração

鳥居（とりい）：神社（じんじゃ）の入り口
"torii": entrance to the shrine

手水（ちょうず）：身を清める
"chozu": purification by washing

さいせん：おそなえ
"saisen": small offering

外国人にとって、神社（じんじゃ）はとても神秘的（しんびてき）なところなんだ。

鈴（すず）：神さまをよぶ
"suzu": bell rung to call Kami into the shrine

おいのり：手を合わせる
"oinori": praying with hands together

❶ 神社（じんじゃ）は神道（しんとう）の神さまの家です。

🇨🇳 中国語　神社是神道教的神的家。

🇰🇷 韓国語　신사는 신도의 신들을 모시는 집입니다.

🇷🇺 ロシア語　Синтистский храм является домом Бога синто.

🇸🇾 アラビア語（シリア）　المعابد الشنتوية فهي بمثابة البيوت التي تتجمع فيها ألهة الديانة الشنتوية.
←（右から左へ読む）

❷ 参拝（さんぱい）
崇拜
참배
почитание
عبادة
←

英語で紹介しよう！
伝統芸能
Traditional Performing Arts

勇壮な荒事
heroic art

- 歌舞伎は日本古来の演劇です。
  Kabuki is the traditional theater of Japan.

- すべての役柄を男性が演じます。
  Every role is performed by men.

- ユネスコの無形文化遺産に登録されています。
  It is designated an Intangible Cultural Heritage by UNESCO.

- 歌舞伎の舞台には、花道やせり上げなどの仕かけがあります。
  The stage of Kabuki has a "hanamichi" catwalk, a "seriage" rising platform and other features.

美しい女方
beautiful female role

歌舞伎の舞台の美しさは、外国でも有名だよ。

ほかの国ではどういうの？

❶ 歌舞伎は日本古来の演劇です。 | **❷ 演劇**

🇫🇷 フランス語: Le kabuki est un théâtre traditionnel japonais. | théâtre

🇪🇸 スペイン語: Kabuki es un teatro tradicional japonés. | teatro

🇮🇹 イタリア語: Il Kabuki è una forma di teatro tradizionale giapponese. | teatro

🇩🇪 ドイツ語: Kabuki ist ein traditionelles japanisches Theater. | das Theater

🇵🇹 ポルトガル語: O Kabuki é uma forma de teatro japonês tradicional. | teatro

- 落語は、人気のある大衆的な伝統芸能です。
  Rakugo, comic storytelling, is a popular traditional art.

- 落語家はすわったままでさまざまな表現を演じます。
  Rakugoka, comic storytellers, act out stories while sitting down.

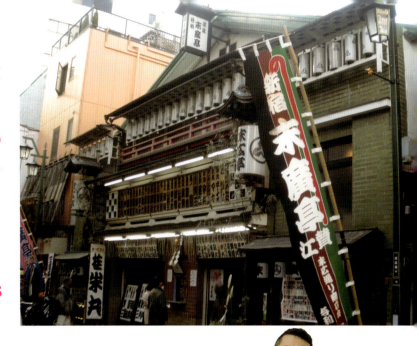

落語寄席：何人かの落語家が演じる
Rakugo Yose: a rakugo show with multiple performers

落語家のたくみな表現
a rakugoka's masterful facial expression

落語家：林家木久蔵

- 日本各地にも、さまざまな郷土芸能があります。
  Local regions boast a variety of folk art as well.

❶ 歌舞伎は日本古来の演劇です。

中国語 歌舞伎是日本的传统戏剧。

韓国語 가부키는 일본 전통 연극입니다.

ロシア語 Кабуки является традиционным японским театром.

アラビア語（シリア） الكابوكي هو المسرح الياباني التقليدي. ←(右から左へ読む)

❷ 演劇

剧院

연극

театр

مسرح ←

英語で紹介しよう！
着物とゆかた
Kimonos and Yukatas

- 着物は日本の伝統的な衣服です。
  Kimonos are Japanese traditional clothes.

- 昔は、多くの人が着物で生活していました。
  Many people used to wear kimonos as their daily attire.

- 最近では、正月や結婚式、成人式などの特別な機会に着物を着ることがあります。
  Nowadays, Japanese wear kimonos mostly for New Year celebrations, weddings, coming-of-age ceremonies and other special occasions.

着物で外出
going out in kimono

羽織を着た男性と振り袖を着た女性
a man in a "haori" kimono and women in long-sleeved kimonos

ほかの国ではどういうの？

❶ 着物は日本の伝統的な衣服です。

- フランス語: Le kimono est des vêtements traditionnels japonais.
- スペイン語: El kimono es la ropa japonesa tradicional.
- イタリア語: Il kimono è un abito tradizionale giapponese.
- ドイツ語: Der Kimono gehört zur traditionellen japanischen Kleidung.
- ポルトガル語: O Kimono é a roupa tradicional japonesa.

❷ ねまき

- pyjama
- ropa de dormir
- biancheria da notte
- der Schlafanzug
- pijama

- ゆかたは着物の仲間です。
  Yukatas are a similar to kimonos.

- ゆかたはもともと風呂のあとに着るものです。
  The yukata was originally a bathrobe.

外出時のゆかた
going out in yukata

- 夏祭りや花火などにゆかたを着ることがあります。
  We wear yukatas when attending summer festivals, fireworks displays, etc.

ゆかたでお祭り
yukatas at a festival

わたしも振り袖を着てみたいな。

- 旅館では❷ねまきとしてつかいます。
  We use yukata as sleeping wear when we stay in traditional inns or "ryokans."

旅館のゆかた
yukatas in a ryokan

❶着物は日本の伝統的な衣服です。

🇨🇳 中国語 和服是日本的传统服装。

🇰🇷 韓国語 기모노는 일본 전통 옷입니다.

🇷🇺 ロシア語 Кимоно - японская традиционная одежда.

🇸🇾 アラビア語（シリア） الكيمونو هو الملابس اليابانية التقليدية.
 (右から左へ読む)

❷ねまき

睡衣

잠옷

пижама

ملابس نوم

英語で紹介しよう！

書道
Shodo, Japanese Calligraphy

- 日本人の多くは学校で毛筆書道を学びます。
  Most Japanese learn to write calligraphy with a brush at school.

- 日本語は上から下、右から左へと書きます。
  We write Japanese from top to bottom, right to left on the page.

書道の授業
calligraphy class

書道教師が手を取って教える
A calligraphy teacher guides his student's hand.

正しい姿勢で美しい文字を書くのは、すばらしい文化だね。

ほかの国ではどういうの？

❶ 日本人の多くは学校で毛筆書道を学びます。

- 🇫🇷 フランス語: Beaucoup de Japonais apprennent la calligraphie avec un pinceau à l'école.
- 🇪🇸 スペイン語: Muchos de los japoneses aprenden la caligrafía escrito por cepillo en la escuela.
- 🇮🇹 イタリア語: Molti giapponesi imparano la calligrafia con il pennello a scuola.
- 🇩🇪 ドイツ語: Die meisten Japaner lernen in der Schule die Kalligrafie mit dem Pinsel.
- 🇵🇹 ポルトガル語: A maioria dos japoneses aprendem Shodo, caligrafia japonesa com um pincel na escola.

❷ 筆
- pinceau
- cepillo de letra
- pennello per calligrafia
- der Pinsel
- pincel

書道教室
calligraphy school

作品展示
display of students' calligraphy

- 書道教室は人気のある習い事のひとつです。
  Calligraphy lessons are a popular after school activity.

- 毛筆書道には❷筆と墨、すずりをつかいます。
  We use a brush, ink and a grinding stone ink well for calligraphy.

- 書道家が作品を発表します。
  Calligraphers display or publish their works.

お正月に書きぞめをする習慣もあるよ。

筆、墨、すずり
brush, ink stick, grinding stone ink well

書道の発表
presentation of calligrapy

❶日本人の多くは学校で毛筆書道を学びます。

中国語: 许多日本人在学校学习书法。

韓国語: 일본인의 대부분은 학교에서 붓에 의한 서예를 배우고 있습니다.

ロシア語: Многие японцы учатся каллиграфие, написанной кистью, в школе.

アラビア語(シリア): وكثير من اليابانيين يتعلمون فن الخط الياباني باستخدام الفرشاة في المدارس.
（右から左へ読む）

❷筆
毛笔
붓
кисть
فرشاة الكتابة

英語で紹介しよう！
茶道
Sado, Tea-Ceremony

- 茶道は、数百年つづく、日本の伝統文化です。
  The tea-ceremony is a centuries-old tradition in Japan.
- 手順にそって、主人が客に茶をふるまいます。
  The host prepares and serves tea for guests following an elaborate ritual.
- 日本家屋には茶室がつくられることがあります。
  Traditional Japanese houses often have a room devoted to the tea-ceremony.

手順にそって茶をふるまう
ritually serving tea to guests

茶をたてる
making tea

茶室
tea-ceremony room

ほかの国ではどういうの？

❶ 手順にそって、主人が客に茶をふるまいます。

- 🇫🇷 フランス語: Un hôte prépare et sert du thé aux invités selon un rituel.
- 🇪🇸 スペイン語: El anfitrión prepara y sirve el té para los clientes en la manera ritual.
- 🇮🇹 イタリア語: Il padrone di casa prepara e serve il tè per gli ospiti secondo un rituale.
- 🇩🇪 ドイツ語: Bei der Teezeremonie serviert der Gastgeber den Gästen Tee nach einem bestimmten Ritual.
- 🇵🇹 ポルトガル語: Tradicionalmente, o anfitrião prepara e serve chá para os convidados.

❷ 茶碗

- tasse
- taza
- ciotola
- die Teetasse
- tigela

- ❷茶碗、茶釜、茶筅など、特別な道具がつかわれます。
  Special utensils including cups, kettle and whisk are used.

- 学校のクラブ活動で茶道が教えられることがあります。
  Students sometimes learn the tea-ceremony in school clubs.

- 多くの外国人が茶道に参加します。
  Many foreigners participate in tea-ceremonies.

茶釜、茶碗などの茶道具
kettle, cup and other implements

茶道クラブ
tea-ceremony club

茶道を楽しむ外国人
foreigners enjoying the tea-ceremony

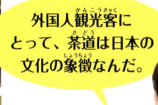

外国人観光客にとって、茶道は日本の文化の象徴なんだ。

---

❶手順にそって、主人が客に茶をふるまいます。

🇨🇳 中国語　遵循着模式来给客人敬茶。

🇰🇷 韓国語　예절에 따라 주인은 손님들에게 차를 제공합니다.

🇷🇺 ロシア語　Хозяин угостит чаем по стилю.

🇸🇾 アラビア語（シリア）　ووفقا للطقوس، يستعد المضيف بعمل الشاي للضيوف.
←（右から左へ読む）

❷茶碗

杯

그릇

чаша

كوب

←

17

英語で紹介しよう！

生け花
Ikebana, Floral Art

- 生け花とは日本式に花をかざる方法です。
  Ikebana is Japanese style flower arrangement.

- 生け花では季節の花や草をつかいます。
  We use seasonal flowers and plants.

- 生け花では特別なはさみや花器をつかいます。
  We often use special scissors and vases as well.

さまざまな花器 **different types of vases**

はさみ **scissors**

さまざまな生け花 **various ikebana arrangements**

花のくきをさす剣山 **pinholder**

ほかの国ではどういうの？

❶ 生け花とは日本式に花をかざる方法です。

- 🇫🇷 フランス語: L'ikebana est un art traditionnel de l'arrangement des fleurs.
- 🇪🇸 スペイン語: El Ikebana es decorar una flor en el estilo japonés.
- 🇮🇹 イタリア語: L'ikebana è un metodo di decorazione floreale in stile giapponese.
- 🇩🇪 ドイツ語: Ikebana ist eine Weise, Blumen im japansichen Stil zu dekorieren.
- 🇵🇹 ポルトガル語: O Ikebana é uma técnica de arranjos de flores em estilo japonês.

❷ 花器

- vase
- florero
- vaso
- die Vase
- vaso

- 生け花教室で習うことができます。
  You can take ikebana classes to learn the techniques.

- 生け花には数百の流派があるといわれます。
  There are several hundred Ikebana schools across the country.

- ホテルや旅館ではよく生け花をかざります。
  Ikebana arrangements are often on display in hotels or ryokans.

わたしも やってみたい！

生け花教室
ikebana school

旅館をかざる生け花
ikebana at a ryokan

❶ 生け花とは日本式に花をかざる方法です。

中国語　花道是指日本独特的插花法。

韓国語　꽃꽂이는 일본식으로 꽃을 꾸미는 방법입니다.

ロシア語　Икебана - способ как украсить цветок в японском стиле.

アラビア語（シリア）　و الإيكيبانا هي طريقة تزيين الزهور على الطريقة اليابانية.
← （右から左へ読む）

❷ 花器

花瓶

꽃병

ваза

مزهرية

短歌・俳句
Tanka and Haiku

> 外国語でも、俳句をつくる人がいるよ。

- 短歌や俳句は日本固有の詩のかたちです。
  Both tanka and haiku are traditional forms of Japanese poetry.

- 短歌とは、日本語で31音の、リズムをもった詩です。
  Tanka is a rhythmic poem with thirty-one syllables.

- 俳句とは、日本語で17音の、短い詩です。
  Haiku is a seventeen-syllable short poem.

- 俳句のルーツは短歌です。
  The haiku is derived from tanka.

約800年前にまとめられた「小倉百人一首」
"Ogura-hyakunin-isshu," traditional poetry card game believed to have originated some 800 years ago

外国人留学生がよんだ俳句
haikus composed by foreign students

ほかの国ではどういうの？

① 短歌や俳句は日本固有の詩のかたちです。

- 🇫🇷 フランス語: Le tanka et le haïku sont des poèmes spécifiques du Japon.
- 🇪🇸 スペイン語: Tanka y haiku es una propia forma de poema japonesa.
- 🇮🇹 イタリア語: Tanka e haiku sono forme di poesia giapponesi.
- 🇩🇪 ドイツ語: Tanka und Haiku sind bestimmte Formen des japanischen Gedichtes.
- 🇵🇹 ポルトガル語: Tanka e haiku são formas de poema específico do Japão.

② 詩
- poésie
- poesía
- poesia
- das Gedicht
- poesia

- 現代でも、短歌や俳句を楽しむ人が多くいます。
 Even these days, many people enjoy reading and writing tanka and haiku.
- 短歌には、日々の出来事や思いを表現します。
 People describe daily events and memories in tanka.
- 俳句には、季節をあらわす言葉をよみこみます。
 Each haiku contains a word or phrase expressing the season.

句会のようす
gathering of haiku aficionados

俳句に取りあげられる季節の花や月
specific plants and the moon used to represent seasons in haiku

日本人には、五・七・五のリズムって親しみやすいわね。

東京スカイツリー®

❶ 短歌や俳句は日本固有の詩のかたちです。　　❷ 詩

中国語　短歌和俳句是日本固有的诗歌形式。　　诗

韓国語　단가와 하이쿠는 일본 고유의시의 형태입니다.　　시

ロシア語　Танка и хойку является формой Японии конкретного стихотворения.　　поэзия

アラビア語（シリア）　التانكا و الهايكو هما شكلان من أشكال القصائد الشعرية اليابانية المحددة.　←（右から左へ読む）　شعر ←

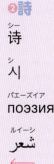

英語で紹介しよう！
日本の祭り
Festivals in Japan

祇園祭、京都府・京都市
"Gion" festival in Kyoto City, Kyoto

❶ 47都道府県にさまざまな祭りがあります。
We have a wide variety of local festivals across the 47 prefectures of Japan.

> 季節や歴史にもとづいたさまざまな祭りがあるんだね。

雪まつり、北海道・札幌市
"Yukimatsuri" snow festival in Sapporo City, Hokkaido

ねぶた祭、青森県・青森市
"Nebuta" festival in Aomori City, Aomori

ほかの国ではどういうの？

❶ 47都道府県にさまざまな祭りがあります。

- 🇫🇷 フランス語: Il y a une variété de festivals dans 47 préfectures.
- 🇪🇸 スペイン語: Tenemos gran variedad de festivales en 47 prefecturas.
- 🇮🇹 イタリア語: Nelle 47 prefetture del Giappone vi sono diversi festival popolari.
- 🇩🇪 ドイツ語: Jede Präfektur hat allerlei Feste.
- 🇵🇹 ポルトガル語: Temos vários festivais nas 47 províncias.

❷ パレード
- parade
- desfile
- parata
- die Parade
- parada

- 日本の祭りでは、みこしをかつぐものが多くあります。
  People carry "mikoshi" in many festivals.
- 神社の神が入ったみこしが、まちを❷パレードします。
  Mikoshi are miniature shrines paraded around town during festivals.
- みこしの頂上には鳳凰がのっています。
  The top of a mikoshi is decorated with the Chinese phoenix.
- みこしをかつぐ人たちは、はんてんを着ます。
  People carrying mikoshi wear decorated "hanten" shirts.

息をそろえてみこしをかつぐのは、とても楽しいね！

三社祭、東京都・浅草
"Sanja" festival in Asakusa, Tokyo

博多どんたく、福岡県・福岡市
"Hakata-dontaku" festival in Fukuoka City, Fukuoka

---

❶ 47都道府県にさまざまな祭りがあります。

🇨🇳 中国語　47 个都道府县有着各种不同的节日。

🇰🇷 韓国語　47 현에는 지방마다 다양한 축제가 있습니다.

🇷🇺 ロシア語　У нас есть различные фестивали в 47 префектурах.

🇸🇾 アラビア語（シリア）　لدينا العديد من المهرجانات في 47 محافظة يابانية．
（右から左へ読む）

❷ パレード
游行
행진
парад
موكب

英語で紹介しよう！
伝統工芸① Traditional Crafts - part 1

- 南部鉄器は岩手県の伝統工芸です。
Nambu ironware is a traditional craft from Iwate prefecture.

- 東京産の江戸切子は180年以上の歴史があります。
Edo cut glass of Tokyo has over 180 years of history.

江戸切子
Edo cut glass

海外でも人気の南部鉄器
Nambu ironware is popular all over the world.

- 金箔細工は石川県金沢市の名産です。
Gold leaf work is a special product of Kanazawa City, Ishikawa Prefecture.

金箔をつかった漆器の製品
lacquerware decorated with gold leaf

金箔のあつさは0.0001ミリほど
Gold leaf is only 0.0001 mm thick.

ほかの国ではどういうの？

❶ 南部鉄器は岩手県の伝統工芸です。	❷ 武器

言語	訳文	武器
フランス語	L'instrument en fer de Nambu est un objet d'art traditionnel d'Iwate.	arme
スペイン語	Nambu artículos de ferretería es una artesanía tradicional de la prefectura Iwate.	arma
イタリア語	Il Nambu Tekki e una forma di arte manifatturiera tradizionale di Iwate che utilizza il ferro.	arma
ドイツ語	Die Herstellung der Nambu-Eisenwaren ist ein traditionelles Kunstgewerbe in der Präfektur Iwate.	die Waffe
ポルトガル語	Nambu ferragens é uma arte tradicional em Iwate.	arma

- 日本刀づくりは世界にほこる伝統工芸です。
  The artisanry of Japanese sword making is recognized around the world.
- 刀は❷武器ですが、芸術品でもあります。
  The sword is both a weapon and a work of art.
- 各地にすぐれた刀鍛冶や研ぎ師がいます。
  There are master sword makers around the country.
- 刀のつばづくりも、伝統工芸のひとつです。
  Making handguards for swords is also a traditional craft.

職人の人たちは仕事にほこりをもっているのね。

刀鍛冶が鉄をきたえる
swordsmiths tempering iron

研ぎ師が刀を研ぐ
sharpeners edging a sword

肥後象嵌（つば）
Higo-inlay, sword handguard

写真提供：藤代龍哉

❶南部鉄器は岩手県の伝統工芸です。

中国語: 南部铁器是岩手县传统工艺。

韓国語: 이와테 남부 철기는 현의 전통 공예입니다.

ロシア語: Намбу Метизы является традиционным искусством в Ивате.

アラビア語（シリア）: و المشغولات الحديدية نامبو، هي حرف تقليدية في محافظة إيواتيه اليابانية.
←（右から左へ読む）

❷武器

中国語: 武器
韓国語: 무기
ロシア語: оружие
アラビア語: سلاح

英語で紹介しよう！
伝統工芸❷
Traditional Crafts - part 2

- ❶ 漆器は各地で人気の工芸品です。
  Lacquerware is a popular traditional craft found in many localities.

- うるしは英語で「ジャパン」とよばれます。
  "Urushi," or Japanese lacquer is sometimes called "Japan" in English.

- 多様な木材やタケを生かした、
  ❷ 木工細工も人気があります。
  Woodcraft made with various types of wood and bamboo is popular, too.

津軽塗
Tsugaru lacquerware

伝統工芸のなかには、何百年もの歴史をもつものもあるんだ。

京指物
"Kyo-sashimono" wooden box

大曲の曲げわっぱ
"Mage-wappa" bent wood box in Omagari

ほかの国ではどういうの？

❶ 漆器は各地で人気の工芸品です。

🇫🇷 フランス語 Le laque est un objet d'art traditionnel populaire dans chaque endroit.

🇪🇸 スペイン語 El lacado es una artesanía tradicional popular en cada lugar.

🇮🇹 イタリア語 Gli oggetti laccati sono un'arte tradizionale popolare in ogni regione.

🇩🇪 ドイツ語 Die Lackkunst ist allerorts eine beliebte kunsthandwerkliche Technik.

🇵🇹 ポルトガル語 O laquê é uma arte tradicional popular em vários lugares no Japão.

❷ 木工細工

boiseries

carpintería

carpenteria

der Holzwerk

artesanato de madeira

輪島塗 (ワジマ)
Wajima lacquerware

会津塗 (アイヅ)
Aizu lacquerware

• 2014年に和紙がユネスコの無形文化遺産に登録されました。
Japanese paper was recognized as an Intangible Cultural Heritage by UNESCO in 2014.

• 和紙は文化財の修復にもちいられます。
Japanese paper is used for the restoration of cultural treasures.

本美濃紙
Mino Japanese paper

石州半紙
Sekishu Japanese paper

絵画の修復
restoration of a painting

❶ 漆器は各地で人気の工芸品です。

🇨🇳 中国語: 漆器在各地都是人气的工艺品。

🇰🇷 韓国語: 칠기는 전국 각지의 인기있는 전통 공예입니다.

🇷🇺 ロシア語: Лакированные изделия является популярным традиционным ремеслом в каждом месте.

🇸🇾 アラビア語(シリア): وأعمال الورنشة (اللاكيه) لأطباق الخزف، هي من الحرف التقليدية المشهورة في كل مكان.
← 右から左へ読む

❷ 木工細工

木工

목공

изделия из дерева

أشغال الخشب ←

英語で紹介しよう！
すもう
Sumo Wrestling

- すもうは子どもから大人までが楽しめるスポーツです。
Sumo is enjoyed by children and adults alike.

- 赤ちゃんによる泣きずもうの祭りもあります。
Some festivals feature sumo matches between crying babies.

- 大相撲は伝統的な人気スポーツです。
"Ozumo" or Grand Sumo is the most popular setting for the sport.

- 大相撲は年に6場所おこなわれます。
Grand Sumo consists of six "bashos" or tournaments a year.

ほかの国ではどういうの？

① すもうは子どもから大人までが楽しめるスポーツです。

- 🇫🇷 フランス語: Le sumo est un sport que les enfants et les adultes peuvent faire.
- 🇪🇸 スペイン語: El sumo es un deporte del que los niños y los adultos pueden disfrutar.
- 🇮🇹 イタリア語: Il sumo è uno sport che appassiona adulti e bambini.
- 🇩🇪 ドイツ語: Sumo ist ein Sport, an dem sich sowohl Kinder als auch Erwachsene erfreuen können.
- 🇵🇹 ポルトガル語: Sumo é um esporte que tanto as crianças e como os adultos podem desfrutar.

② 力士
- lutteur de sumo
- luchador de sumo
- lottatore di sumo
- der Sumo-ringer
- lutador de sumo

- 1場所に、15日間のトーナメントがおこなわれます。
  Each basho is one 15-day tournament.
- 最近は外国人❷力士が活躍しています。
  Recently, many of the strongest sumo wrestlers are foreign-born.

大相撲の取り組み
Grand Sumo match

外国人力士
foreign sumo wrestler

すもうも、世界にほこる日本文化のひとつだね。

横綱の土俵入り
Yokozuna Grand Champion performing the ring-purification ceremony

❶ すもうは子どもから大人までが楽しめるスポーツです。

🇨🇳 中国語　相扑是小孩到大人都可以享受的运动。

🇰🇷 韓国語　스모는 어린이부터 어른까지 즐길 수있는 스포츠입니다.

🇷🇺 ロシア語　Сумо это спорт, в котором дети и взрослые могут наслаждаться.

🇸🇾 アラビア語（シリア）　والسومو هي رياضة يمكن لكل من الأطفال و البالغين أن يتمتعوا بها على حد سواء.
（右から左へ読む）

❷ 力士

中国語　相扑手

韓国語　역사

ロシア語　сумо

アラビア語　مصارع السومو

英語で紹介しよう！
武道（剣道、柔道）
Budo (Kendo and Judo)

> 剣道の稽古は修行のようだね。

- 剣道は日本古来の武道です。
  Kendo, Japanese fencing, is an ancient martial art.

- 剣道は体と心をきたえるものと考えられています。
  Kendo is used to train both the body and the mind.

剣道の試合と稽古
Kendo match and practice

礼儀が強調される
Proper etiquette is emphasized.

胴、面、小手などの防具
protectors for body, head and hands

ほかの国ではどういうの？

❶ 剣道は日本古来の武道です。

🇫🇷 フランス語　Le kendo est l'un des anciens arts martiaux japonais.

🇪🇸 スペイン語　Kendo es una de las artes marciales tradicionales de Japón.

🇮🇹 イタリア語　Il kendo è una delle antiche arti marziali giapponesi.

🇩🇪 ドイツ語　Kendo ist eine der alten japanischen Kampfsportarten.

🇵🇹 ポルトガル語　O Kendo é uma das artes marciais japonesas antigas.

❷ 稽古

- exercice
- práctica
- pratica
- die Übung
- prática

- 柔道は、百数十年前に概念や制度が確立しました。
  The concept and method of Judo were established over a hundred years ago.

- 現代では、世界じゅうに柔道が広まっています。
  Nowadays, Judo is practiced all over the world.

- 女子柔道もさかんです。
  Women's Judo is also popular.

> オリンピックなどでは、世界じゅうから強い選手が集まるよ。

柔道の投げ技
a Judo throw

女子柔道
women's Judo

子どもの稽古
children practicing Judo

おじぎではじめる
Bouts start with a bow.

---

❶ 剣道は日本古来の武道です。

- 中国語: 剑道是日本古来的武道之一。
- 韓国語: 검도는 일본 고유의 무술 중 하나입니다.
- ロシア語: Кендо является одним из самых древних японских боевых искусств.
- アラビア語（シリア）: كندو هو واحد من فنون الدفاع عن النفس اليابانية القديمة.
  ←（右から左へ読む）

❷ 稽古

- 实践
- 연습
- практика
- ممارسة

英語で紹介しよう！
美術館と博物館
Museums

東京国立博物館
Tokyo National Museum

- 各地にさまざまな美術館や博物館があります。
  There is a wide variety of museums around the country.

- 広島平和記念資料館は、外国人も多くおとずれます。
  Many foreigners visit Hiroshima Peace Memorial Museum.

広島平和記念資料館
Hiroshima Peace Memorial Museum

彫刻の森美術館（神奈川）
The Hakone Open-Air Museum (Kanagawa)

足立美術館（島根）
The Adachi Museum (Shimane)

大塚国際美術館（徳島）
The Otsuka International Museum (Tokushima)

ほかの国ではどういうの？

① 各地にさまざまな美術館や博物館があります。

- 🇫🇷 フランス語: Il y a plusieurs musées dans chaque endroit.
- 🇪🇸 スペイン語: Hay varios museos en cada lugar.
- 🇮🇹 イタリア語: Ci sono vari musei in ogni regione.
- 🇩🇪 ドイツ語: Es gibt verschiedene Museen in jedem Ort.
- 🇵🇹 ポルトガル語: Há vários museus em vários lugares no Japão.

② 恐竜

- dinosaure
- dinosaurio
- dinosauro
- der Dinosaurier
- dinossauro

- 福井県立恐竜博物館は、世界有数の❷恐竜博物館です。
  Fukui Prefectural Dinosaur Museum is one of the world's most eminent dinosaur museums.

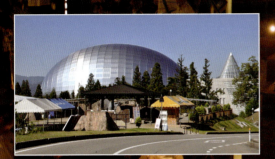
福井県立恐竜博物館
Fukui Prefectural Dinosaur Museum

恐竜博物館では、まるで生きているような恐竜が見られるわ。

- 江戸東京博物館は、古い江戸の街を再現する本格的なジオラマで評判です。
  The Edo-Tokyo Museum is famous for its full-scale diorama of an old town of Edo.

江戸東京博物館（東京）
The Edo-Tokyo Museum (Tokyo)

❶各地にさまざまな美術館や博物館があります。

中国語 　每个地方都有各种美术馆和博物馆。

韓国語 　각지에 다양한 박물관이있다.

ロシア語 　Существуют различные музеи в каждом месте.

アラビア語（シリア） 　هناك متاحف مختلفة في كل مكان.（右から左へ読む）

❷恐竜

中国語 　恐龙

韓国語 　공룡

ロシア語 　динозавр

アラビア語 　ديناصور

英語で紹介しよう！
旅行とレジャー
Travel and Leisure

> 日本の国土は広くないけど、季節が変化するから、いろいろな楽しみ方があるね。

- 多くの日本人は旅行することが大すきです。
  Many Japanese love to travel.

- 正月や盆の時期は、鉄道や道路が混みあいます。
  Railways and roads are especially crowded during the New Year and August Obon season.

- 最近は、豪華列車が人気です。
  Special luxury trains are gaining popularity recently.

交通渋滞
traffic jam

豪華列車と車内
a luxury train and its interior

混みあう列車
crowded train

ほかの国ではどういうの？

❶ 多くの日本人は旅行することが大すきです。

- フランス語: Beaucoup de Japonais aiment voyager.
- スペイン語: Muchos japoneses les encanta viajar.
- イタリア語: Molti giapponesi amano viaggiare.
- ドイツ語: Viele Japaner reisen gern.
- ポルトガル語: Muitos japoneses gostam muito de viajar.

❷ 海水浴

- bain de mer
- baños de mar
- bagno in mare
- das Seebad
- banho de mar

- 日本人は季節におうじたさまざまなレジャーを楽しみます。
  The Japanese people enjoy seasonal leisure.

春の花見
cherry blossom viewing in spring

夏の海水浴
swimming in the ocean in summer

秋のハイキング
hiking in autumn

冬のスキー
skiing in winter

- カラオケは日本発祥の娯楽で、すべての世代に人気です。
  Karaoke originated in Japan is popular among people of all ages.

- 大相撲や野球は人気のあるプロスポーツです。
  Sumo and baseball are popular professional sports.

カラオケを楽しむ
enjoying karaoke

プロ野球
professional baseball

大相撲
Grand Sumo Tournament

---

❶ 多くの日本人は旅行することが大すきです。

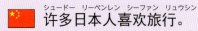 许多日本人喜欢旅行。
中国語

🇰🇷 많은 일본인은 여행을 좋아 해요.
韓国語

🇷🇺 Многие японцы любят путешествовать.
ロシア語

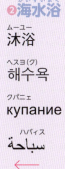 العديد من اليابانيين يحبون السفر.
アラビア語
（シリア） ← 右から左へ読む

❷ 海水浴
沐浴
해수욕
купание
سباحة
←

英語で紹介しよう！
旅館にとまる
Staying at Ryokan

❶旅館は日本式の宿泊施設です。
A ryokan is a Japanese style inn.

旅館の玄関
entrance of a ryokan

旅館の客室
guest room in a ryokan

- 和室ではたたみの上に❷すわります。
  We sit on tatami mat floors in Japanese style guest rooms.
- 部屋ではよく座いすとざぶとんをつかいます。
  We usually sit on legless chairs and cushions.

外国人にも日本式の旅館が人気だよ。

ほかの国ではどういうの？

❶旅館は日本式の宿泊施設です。

- 🇫🇷 フランス語 Le ryokan est une auberge de style japonais.
- 🇪🇸 スペイン語 Ryokan es un alojamiento de estilo japonés.
- 🇮🇹 イタリア語 Il ryokan è una struttura alberghiera in stile giapponese.
- 🇩🇪 ドイツ語 Ryokan ist eine Unterkunft im japanischen Stil.
- 🇵🇹 ポルトガル語 O Ryokan é uma acomodação de estilo japonês.

❷すわる
- s'asseoir
- sentarse
- sedersi
- sich sitzen
- sentar

- 露天風呂のついた部屋もあります。
Some rooms have open-air baths.
- 大浴場の温泉でくつろぎましょう！
You can relax in hot spring water in the big bath.

- 多くの旅館でピンポンや
カラオケを楽しめます。
You can also play ping-pong and sing karaoke in many ryokans.

- 客室で食事ができる旅館も
あります。
Ryokans will often offer dinner served in the guest's room.

❶ 旅館は日本式の宿泊施設です。

旅馆是日式酒店。

여관은 일본식 숙박 시설입니다.

Ryokan является размещение в японском стиле.

الفنادق على الطراز الياباني (الريوكان) هي أماكن للإقامة ذات طابع ياباني خالص.
← (右から左へ読む)

❷ すわる

坐

앉아

заседать

جلس

英語で紹介しよう！
電化製品と電気街
Electric Appliances and the "Electric Town"

- 家庭用電化製品は高品質で世界に知られています。
  Japanese electric appliances are world famous for their quality.

- 日本には世界初の電化製品がいくつもあります。
  Many electric appliances were first invented in Japan.

- 最近では、人間と❷会話をする家庭用のロボットも人気です。
  Robots that can converse* with human beings are growing in popularity recently.

*「さくいん」を参照。

世界初の
ラップトップ型パソコン
world's first laptop PC

ロボットの
「Pepper」
"Pepper"

さまざまな電化製品
various electric appliances

ほかの国ではどういうの？

	❶家庭用電化製品は高品質で世界に知られています。	❷会話
🇫🇷 フランス語	Les appareils électriques sont mondialement connus pour leur haute qualité.	conversation
🇪🇸 スペイン語	Los aparatos electrónicos son conocidos mundialmente por su alta calidad.	conversación
🇮🇹 イタリア語	Gli elettrodomestici giapponesi sono famosi in tutto il mondo per la loro alta qualità.	conversazione
🇩🇪 ドイツ語	Elektrische Haushaltsgeräte aus Japan sind weltweit bekannt für ihre hohe Qualität.	die Unterhaltung
🇵🇹 ポルトガル語	Aparelhos elétricos são mundialmente famosos por sua alta qualidade.	conversa

日本で開発された
温水洗浄便座
ビデイ トイリッ(ト) トイリッ(ト) スィート
bidet-toilet (toilet seat
ウィズ シャウア ユーニット
with shower unit)
インヴェンティド イン チャパン
invented in Japan

- 温水洗浄便座(せんじょうべんざ)などの、人にやさしい家電も人気があります。
 ザ ビデイ トイリッ(ト) アン(ド) アザ ピープル フレンドリ イレクトリック
 The bidet-toilet and other people-friendly electric
 アプライアンスィズ アー オールソウ パピュラ
 appliances are also popular.

- 秋葉原(あきはばら)の電気街(でんきがい)は、世界的に有名です。
 ズィ イレクトリック タウン イン アキハバラ イズ ワールド フェイマス
 The "Electric Town" in Akihabara is world famous.

- 外国人旅行客がよく秋葉原で電気製品(せいひん)を購入(こうにゅう)します。
 フォーレン トゥ(ア)リスツ カム ヒア トゥ バイ ザ ニューエスト
 Foreign tourists come here to buy the newest
 イレクトラニック ギャチッツ アン(ド) アプライアンスィズ
 electronic gadgets and appliances.

電気街(でんきがい)では、値段交渉(ねだんこうしょう)をするのも楽しいね。

---

❶ 家庭用電化製品(せいひん)は高品質(こうひんしつ)で世界に知られています。

中国語	ジャーヨン ディエンチー ダ ガオ ジーリャン シージエ ウェンミン 家用电器的高质量世界闻名。
韓国語	チョンギ チェプムン ノプン プ(ム)デルロ セギェジョグロ ユミョン ハ(ム)ニダ 전기 제품은 높은 품질로 세계적으로 유명합니다.
ロシア語	エレクトロタヴァーレ フシェミエルナ イズヴェスヌイ スワイム ヴッソーキム カチェストヴァム Электротовары всемирно известны своим высоким качеством.
アラビア語(シリア)	ヤリアールア ーハイテダウヮジビ ンヤーミラア アフウルアーマ トヤイーパラフカルア トーザヘュジアルア الأجهزة الكهربائية معروفة عالميا بجودتها العالية. ←（右から左へ読む）

❷ 会話

	タンファ 谈话
	テファ 대화
	ラズガヴォル разговор
	サダーハム محادثة ←

英語で紹介しよう！

キャラクター
Characters

ハローキティ
Hello Kitty

©1976, 2017 SANRIO CO.,LTD.

- 世界的な人気アニメなどの、キャラクターが多くあります。
We have many world famous animation characters.

美少女戦士セーラームーンCrystal
Sailor Moon Crystal

© 武内直子・PNP・講談社・東映アニメーション

- ハローキティのキャラクターは、さまざまな商品に使用されています。
Hello Kitty is used for a wide variety of goods.

- 日本のアニメの熱狂的なファンが世界じゅうにいます。
Japanese animation or anime has enthusiastic fans around the world.

アニメがきっかけで、日本がすきになった外国人も多いんだ。

ほかの国ではどういうの？

❶ 世界的な人気アニメなどの、キャラクターが多くあります。

フランス語	On a des mondialement célèbres personnages de dessins animés.
スペイン語	Hay algunos personajes de anime famosos mundiales.
イタリア語	I personaggi dei cartoni animati giapponesi sono famosi in tutto il mondo.
ドイツ語	Manche Anime-Charaktere sind auf der ganzen Welt beliebt.
ポルトガル語	Temos algumas mundialmente famosas personagens de anime.

❷ 宣伝する

フランス語	annoncer
スペイン語	anunciar
イタリア語	pubblicizzare
ドイツ語	werben
ポルトガル語	anunciar

ドラえもん
Doraemon

ピカチュウ
Pikachu

機動戦士ガンダム
Mobile Suit Gundam

- ご当地キャラは、地方自治体を❷宣伝するキャラクターです。
  There are simplistic characters used to promote local governments.
- 最近では、ご当地キャラがブームです。
  Local characters are booming in popularity these days.

せんとくん（奈良県）
Sentokun
(Nara Prefecture)

くまモン（熊本県）
Kumamon
(Kumamoto Prefecture)

ふなっしー（船橋市*）
Funassyi
(Funabashi City)

*非公認キャラクターとされている。

❶ 世界的な人気アニメなどの、キャラクターが多くあります。

中国語	有许多在世界范围内都很有名名气的动漫和动漫人物。
韓国語	세계적으로 유명한 애니메이션 캐릭터가 있습니다.
ロシア語	У нас есть несколько всемирно известные персонажи анимации.
アラビア語（シリア）	لدينا الكثير من شخصيات الأنيمي (الكارتون) المشهورة عالميا. ←（右から左へ読む）

❷ 宣伝する

广告

홍보

рекламировать

أعلن

もっと知りたい！ I Want to Know More!

忍者 Ninjas

- 忍者は日本発祥の諜報員、ゲリラ戦闘員でした。
  Ninjas were secret agents and guerrilla warriors in feudal Japan.

- 伊賀と甲賀が忍者の里として有名です。
  Iga and Koka are famous ninja villages.

- 忍者はさまざまな忍術をつかいます。
  Ninjas use various ninja arts.

忍者がつかう術（忍術）
ninja arts

鎖鎌
sickle and chain

ふき矢
blowgun

変装
disguise

手裏剣
throwing star

ほかの国ではどういうの？

❶ 忍者は日本発祥の諜報員、ゲリラ戦闘員でした。

🇫🇷 フランス語　Le ninja est un agent secret et un guerrier de guérilla originaires du Japon.

🇪🇸 スペイン語　Ninja es un agente secreto y un guerrillero que se originó en Japón.

🇮🇹 イタリア語　I ninja sono agenti segreti e guerrieri originari del Giappone.

🇩🇪 ドイツ語　Ein Ninja ist quasi ein Geheimagent oder Söldner und kommt ursprünglich aus Japan.

🇵🇹 ポルトガル語　Os ninjas podem ser um tipo de espião ou combatente de guerrilha, e se originaram no Japão.

❷ 鍛錬

entraînement

formación

formazione

das Schmieden

treinamento

- 忍者になるためにはきびしい❷鍛錬が必要とされます。
Rigorous training is required to become a ninja.

忍者の修行体験
trying ninja training for fun

忍者の修行のために日本にくる外国人もいるほど、忍者はよく知られているよ。

- 忍者は小説や映画、マンガで数多く取りあげられてきました。
Ninjas are the subject of many novels, movies and comics.

- 欧米では忍者はとても人気があります。
Ninjas are very popular in Europe and America.

アニメ番組（NHK）
忍たま乱太郎
©尼子騒兵衛／NHK・NEP
animation (NHK) "NINJABOY RANTARO"

❶忍者は日本発祥の諜報員、ゲリラ戦闘員でした。

中国語	忍者是日本的特务和游击队员。
韓国語	닌자는 일본에서 유래 한 첩보원이자 게릴라요원입니다.
ロシア語	Ninja является секретным агентом и партизанская война возникла в Японии.
アラビア語（シリア）	النينجا هم العملاء السريين ومحاربي العصابات التي نشأت في اليابان. ←（右から左へ読む）

❷鍛錬

训练

단련

обучение

تدريب

英語で紹介しよう！
伝統的なあそび
Traditional Amusements

- あやとり、けん玉、折り紙は、日本古来のあそびです。
  Ayatori (string figure game), kendama (ball and cup game) and origami (paper folding) are traditional amusements.

- これらはすべて、手をつかうあそびです。
  All of these amusements are done using the hands.

- 日本人は手先が器用だといわれます。
  Japanese are said to have good manual dexterity.

あやとり ayatori

けん玉 kendama

折り紙 origami

じゃんけん
janken (rock-paper-scissors)

ほかの国ではどういうの？

❶ あやとり、けん玉、折り紙は、日本古来のあそびです。

		❷ 器用
フランス語	L'ayatori, le kendama et l'origami sont des jeux traditionnel du Japon.	habile
スペイン語	Ayatori, kendama y el origami son juegos inveterados japoneses.	hábil
イタリア語	Ayatori, kendama e origami sono antichi giochi giapponesi.	abile
ドイツ語	Ayatori, Kendama und Origami sind alte Spiele in Japan.	geschickt
ポルトガル語	Ayatori, Kendama e origami são tipos de jogos antigos no Japão.	habilidade

- あやとりは、世界じゅうでおこなわれるあそびです。
  Playing with string like ayatori is common worldwide.
- あやとりは、英語で"キャッツ クレイドル（ネコのゆりかご）"とよばれます。
  It is called "cat's cradle" in English.
- けん玉は、世界選手権がおこなわれるほど人気です。
  Kendama is so popular abroad, there is even a world championship.
- 「オリガミ」は世界でよく知られ、外国語にもなっています。
  Paper folding is well known, and the word "origami" is now used in foreign languages.
- じゃんけんは、日本にルーツがあると考えられています。
  Rock-paper-scissors is considered to have its origin in Japan.

パプア・ニューギニアのあやとり
ayatori in Papua New Guinea

外国の人たちとあそびでふれあえるといいわね。

アメリカのけん玉大会
kendama contest in America

❶ あやとり、けん玉、折り紙は、日本古来のあそびです。

中国語 翻花绳，剑玉，折纸是日本传统的娱乐方式。

韓国語 아야토리 겐 다마와 종이 접기는 일본의 옛 놀이입니다.

ロシア語 Ayatori, Kendama и оригами старые игры в Японии.

アラビア語（シリア） اللعب بالحبال (أياتوري)، و العصا المعلقة بها كرة (كنداما)، وطي الورق (الأوريغامي) هي من الألعاب اليابانية القديمة.

⟵〈右から左へ読む〉

❷ 器用

中国語 麻利

韓国語 손재주

ロシア語 ловкий

アラビア語 ماهر

さくいん

あ行

あそび　amusement/plying ········ 44, 45
アニメ　animation/anime ········ 40
あやとり　ayatori (string figure game) ···· 44, 45
生け花　"ikebana" floral art/
　Japanese style flower arrangement ···· 18, 19
江戸切子　Edo cut glass ········ 24
江戸東京博物館　Edo-Tokyo Museum ···· 33
演劇　theater ········ 10, 11
大相撲　Grand Sumo ········ 28, 29, 35
お遍路　"Ohenro" Japanese pilgrimage ···· 7
折り紙　origami (paper folding) ···· 44, 45
温水洗浄便座
　bidet-toilet (toilet seat with shower unit) ···· 39

か行

外国人旅行客　foreign tourist ········ 39
海水浴　swimming in the ocean ···· 34, 35
会話　conversation ········ 38, 39
花器　vase ········ 18, 19
刀のつば　sword handguard ········ 25
歌舞伎　Kabuki ········ 10, 11
神さま　god ········ 8, 9
着物　kimono ········ 12, 13
客室　guest room ········ 36, 37
キャラクター　character ········ 40, 41
器用　dexterity ········ 44, 45
京指物　"Kyo-sashimono" wooden box ···· 26
郷土芸能　folk art ········ 11
恐竜　dinosaur ········ 33
金箔細工　gold leaf work ········ 24
句会　gathering of haiku aficionados ···· 21
稽古　practice ········ 30, 31
芸術品　work of art ········ 25
ゲリラ戦闘員　guerrilla warrior ···· 42, 43

玄関　entrance ········ 36
けん玉　kendama (ball and cup game) ···· 44, 45
剣道　"Kendo" Japanese fencing ········ 30
豪華列車　special luxury train ········ 34
交通渋滞　traffic jam ········ 34
ご当地キャラ　local character ········ 41

さ行

茶道　tea-ceremony ········ 16, 17
参拝　worship ········ 8, 9
詩　poetry/poem ········ 20, 21
ジオラマ　diorama ········ 33
漆器　lacquerware ········ 26
柔道　Judo ········ 30, 31
宗派　Buddhist sect ········ 6
修復　restoration ········ 27
巡礼　pilgrimage ········ 7
女子柔道　women's Judo ········ 31
書道　calligraphy ········ 14, 15
書道家　calligrapher ········ 15
神社　shirine ········ 8, 9
神道　Shinto ········ 8
スキー　skiing ········ 35
墨　ink (stick) ········ 15
すもう　sumo wrestling ········ 28, 29
すわる　sit ········ 36, 37
宣伝する　promote ········ 40, 41

た行

短歌　"Tanka" rhythmic poem with thirty-one syllables
　········ 20, 21
鍛錬　training ········ 42, 43
茶室　tea-ceremony room ········ 16
茶碗　cup ········ 16, 17
諜報員　secret agent ········ 42, 43

寺 temple	6, 7
電化製品 electric appliance	38, 39
電気街 electric town	38, 39
伝統芸能 traditional performing art	10, 11
伝統工芸 traditional craft	24 – 26
鳥居 torii	8, 9

な行

南部鉄器 Nambu ironware	24, 25
日本刀 Japanese sword	25
忍者 ninja	42, 43
忍術 ninja art	42
ねまき sleeping wear	12, 13

は行

俳句 "Haiku" seventeen-syllable short poem	20, 21
花見 cherry blossom viewing	35
パレード parade	22, 23
はんてん "hanten" shirt	23
美術館・博物館 museum	32, 33
美術品 art	6, 7
広島平和記念資料館 Hiroshima Peace Memorial Museum	32
武器 weapon	24, 25
福井県立恐竜博物館 Fukui Prefectural Dinosaur Museum	33
舞台 stage	10
仏像 statues of Buddha/Buddhist statue	6
筆 brush	14, 15
武道 "budo" martial art	30
文化財 cultural treasure	27

ま行

曲げわっぱ "Mage-wappa" bent wood box	26

祭り festival	13, 22, 23, 28
巫女 "miko" shrine maiden	8
みこし mikoshi miniature shrine	23
無形文化遺産 Intangible Cultural Heritage	10, 27
木工細工 woodcraft	26, 27

や行

ゆかた yukata	12, 13
横綱 Yokozuna Grand Champion	29

ら行

落語 "rakugo" comic storytelling	11
ラップトップ型パソコン laptop PC	38
力士 sumo wrestler	28, 29
旅館 "ryokan" Japanese-style inn	13, 19, 36, 37
旅行する travel	34
礼儀 etiquette	30
レジャー leisure	34, 35
露天風呂 open-air bath	37
ロボット robot	38

わ行

和紙 Japanese paper	27

■ 英語指導／パトリック・ハーラン（パックン）
1970年生まれ。アメリカ合衆国コロラド州出身。1993年、ハーバード大学卒業後来日。福井県で英会話講師をつとめ、1996年に役者を目ざして上京。1997年に吉田眞（よしだまこと）とお笑いコンビ「パックンマックン」を結成。「爆笑オンエアバトル」（NHK）や「ジャスト」（TBS）などで人気を博す。現在は「外国人記者は見た＋」（BS-TBS）や「未来世紀ジパング」（テレビ東京）などで司会やコメンテーターとして活躍。2012年から東京工業大学で非常勤講師。著書に『ツカむ！話術』『大統領の演説』（角川新書）ほか多数。

■ 編集／こどもくらぶ
「こどもくらぶ」は、あそび・教育・福祉の分野で、子どもに関する書籍を企画・編集しているエヌ・アンド・エス企画編集室の愛称。図書館用書籍として、毎年5〜10シリーズを企画・編集・DTP制作している。これまでの作品は1000タイトルを超す。
http://www.imajinsha.co.jp/

■ イラスト／中村智子

■ デザイン・DTP
信太知美・尾崎朗子

■ 制作
株式会社エヌ・アンド・エス企画

■ 写真協力
カメラガールズ、武内智弘、松竹株式会社、トヨタアート、衣紋道 雅ゆき、草津温泉御座之湯（株式会社草津観光公社）、愛光学園、三島書道教室、東海日日新聞社、総合型スポーツクラブAcademic & Sports、ワックジャパン、深川製磁、出雲村田製作所、和倉温泉加賀屋、アクラス日本語教育研究所、くぬぎ俳句会、金沢市、藤代龍哉、熊本県伝統工芸館、青森県漆器協同組合連合会、鈴善漆器店、京都木工芸協同組合、石州半紙技術者会、同志社大学 柳生芽衣、鹿児島県和泊町立大城小学校、居木神社、日本相撲協会、居場英則、申武館剣道場、東山堂 剣道防具工房「源」、公益財団法人 講道館、瀬谷柔道会、涼汰、九州旅客鉄道株式会社、TOTO株式会社、©1976,2017 SANRIO CO.,LTD.、©藤子プロ、©創通・サンライズ、奈良県、熊本県、ふなっしー、伊賀忍者衣装.com、伊賀流忍者阿修羅、火之国屋、デジタル工房株式会社、赤目四十八滝渓谷保勝会、NHK、Fotolia：©blanche、フォトライブラリー

この本の情報は、2016年12月までに調べたものです。今後変更になる可能性がありますので、ご了承ください。

国際交流を応援する本　10か国語でニッポン紹介　⑤日本の文化・スポーツ　　NDC800

2017年3月31日　第1刷発行
2017年9月30日　第2刷発行
編　　　　こどもくらぶ
発行者　　岩崎夏海
発行所　　株式会社 岩崎書店　〒112-0005　東京都文京区水道1-9-2
　　　　　　　　　　　　　　　電話　03-3813-5526（編集）　03-3812-9131（営業）
　　　　　　　　　　　　　　　振替　00170-5-96822
印刷所　　三美印刷株式会社
製本所　　小高製本工業株式会社

©2017 Kodomo Kurabu　　　48p 30×22cm
Published by IWASAKI Publishing Co., Ltd. Printed in Japan.
ISBN978-4-265-08548-4
岩崎書店ホームページ　http://www.iwasakishoten.co.jp
ご意見、ご感想をお寄せ下さい。E-mail　hiroba@iwasakishoten.co.jp
落丁本、乱丁本は小社負担でおとりかえいたします。

本書のコピー、スキャン、デジタル化等の無断複製は著作権法上での例外を除き禁じられています。本書を代行業者等の第三者に依頼してスキャンやデジタル化することは、たとえ個人や家庭内での利用であっても一切認められておりません。

国際交流を応援する本
10か国語で
ニッポン紹介
シリーズのご案内

全5巻

英語指導／パトリック・ハーラン（パックン）　編／こどもくらぶ

●英語 ●フランス語 ●スペイン語 ●イタリア語 ●ドイツ語
●ポルトガル語 ●中国語 ●韓国語 ●ロシア語 ●アラビア語 の
10か国語で、"ニッポンのいいところ"を世界に発信しよう！

❶日本の自然
四季や動物、自然遺産、そのほか、日本の美しい自然を10か国語で紹介。

❷日本のまち
下町や市場、コンビニ、そのほか、日本のまちの特徴を10か国語で紹介。

❸日本のくらし
あいさつや行事、家や学校生活、そのほか、日本のくらしを10か国語で紹介。

❹日本の食べ物
すし、てんぷらなどの料理や、おはしのつかい方、そのほか、日本の食を10か国語で紹介。

❺日本の文化・スポーツ
伝統文化、伝統工芸、武道、忍者、アニメまで、日本の新旧の文化を10か国語で紹介。

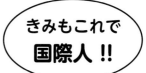
きみもこれで国際人!!

◆各巻定価：各本体 3,200 円
◆小学校中学年～中学生むき

パックンのひとこと英会話

本の内容は楽しかったかな？ こんどは、会話をおえるときなどにつかわれるいい方をしょうかいするよ。

↗がついているとき、言葉の最後を上げるようにすると、英語らしくなるよ！

い いいね！
Cool!

お おもしろかったね。
That was fun.

お おやすみ。
Good night.

か かんぺきだ！
It's perfect!

き 気にしないで。
Never mind.

き きみならできる！
You can do it!

こ こら！
Hey!

こ これおぼえてる？
Remember this?↗

し 時間どおりだ！
Right on time!

し しんぱいないよ。
Don't worry.

そ そのとおり！
That's right!

そ そんなまさか！
No way!

た ためしてごらん。
Try it out.

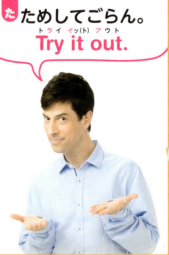

と どういたしまして。
My pleasure.